1. Auflage Juni 2020

franchili / 84

Detaillierte bibliographische Daten sind unter http://dnb.ddb.de bei der Deutschen Nationalbibliographie abrufbar.

Die Illustrationen sowie der Umschlag basieren auf Gemälden von Klára Hůrková

Autorenfoto S. 70: Klára Hůrková, privat

ISBN 978-3-943292-86-2

www.chiliverlag.de

Licht in der Manteltasche

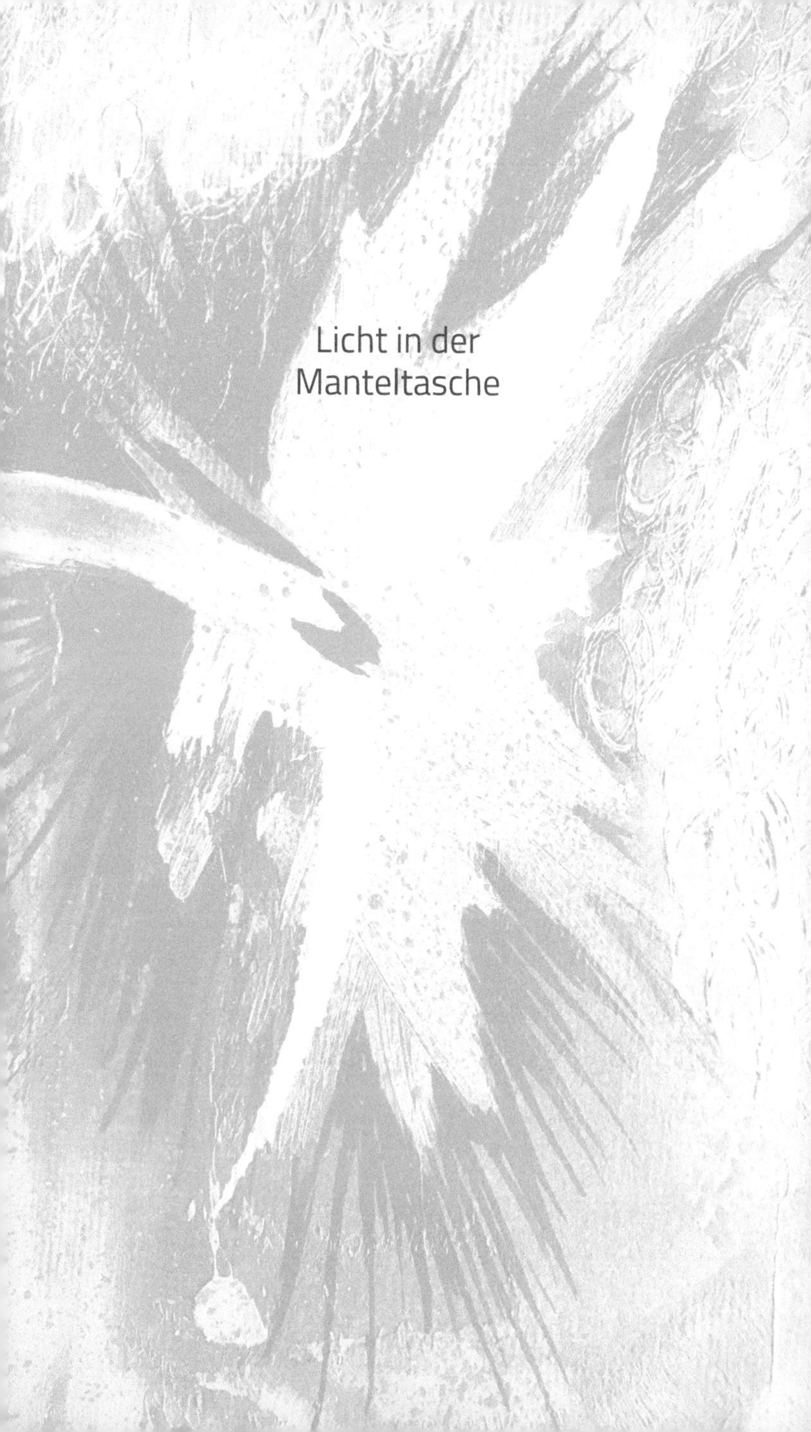

Klára Hůrková

Licht in der Manteltasche

Gedichte

chiliverlag

PROLOG

Heimkehr

Wenn die Frachtschiffe
zurück in den Hafen fahren
fischen Kormorane in den Flutwellen
Der Abendstern, eine Verlockung aus Licht
und Ferne, doch ich bleibe treu
dem Ufer, sammle Lichter
von der Wasserfläche
trage sie in meinen Manteltaschen
für die Lampen, die ich in der Stadt
unter den kahlen Kastanien verkaufe

I. ALS WIR NOCH REISTEN

Ankunft, 1989

Die Zugfahrt war lang
Doch erst die Neonlichter
an der belgischen Autobahn
machten den Neuanfang sichtbar

Böhmerwald Prag Frankfurt am Main
Bonn Aachen Lichtenbusch Liège

In Brüssel (Le Petit Château)
Fingerabdrücke abgegeben
für das wertvollste Stück Papier

Danach zum ersten Mal
gekochte Muscheln gegessen
den gefallenen Engel
in der Kathedrale von Lüttich besucht
über die Maas geschaut
in alle Richtungen

Halbschwestern

Das erste Treffen. Die Jüngere
hat ein selbstgemaltes Bild im Gepäck:
unsere Tierkreiszeichen –
nackte Figuren
im bunten Universum.

Beide starren mich an:
„Als ob der Vater
auferstanden ist."
Wie ich erfahre,
bin ich die Einzige,
die seine Augenfarbe
und überhaupt
eine Ähnlichkeit
mit dem Mann hat,
den ich nicht kannte.

Die Ältere
kauft mir im Museum der Genetik
ein erbsengrünes T-Shirt
mit einem Bild im Andy-Warhol-Stil:
„Mendel's Hereditary Soup".

Ort des Geschehens:
Brünn, Tschechische Republik.
Zeit: ein bisschen spät.

Mein Garten im Osten

Es gibt dort eine Feuerstätte
nah an den beiden Lindenbäumen
Am Zaun sind tibetische
Gebetsfahnen gespannt
Flieder blüht dort
Pfingstrosen und Jasmin
Im Kreis geordnet stehen
astrologische Zeichen

Im Blumenbeet liegt
ein Hund begraben
daneben eine Katze
Am Abend kommen
viele Insekten
und Bachstelzen
und Schwalben
Der Kuckuck fragt
aus dem Wald:
Wo ist mein Heim?

Der Satz „Wo ist mein Heim?" ist der Beginn der tschechischen Nationalhymne.

Hautnah-Räume

Ich flog meinen Körper
sechstausend Kilometer
über den Ozean
Ich fuhr ihn dann
in einem ratternden Zug
unter der Erde
unter einem Fluss
bis zu der Schlucht
aus Wolkenkratzern

Wir fuhren zusammen
in einem Fahrstuhl nach oben
in ein Zimmer im sechsten Stock
Er war der Zeit beraubt worden
So schenkte ich ihm
sechs Stunden Schlaf

Dann nahm ich ihn mit
auf ein Schiff, zu einer Insel
– Mekka der Einwanderer –
Später gingen wir
durch virtuelle Welten
auf eine Museumstour

So war er wenig überrascht
als wir beim Rückflug
auf einem schwarzgrünen Felsen
landeten
und zurückkehrten
zu seinem zerrissenen Schlaf

Bestiegen später den Kirchturm
in einem kleinen Dorf am Meer

Sein Herz blieb vor Platzangst
fast stehen
in dem schmalen Wendeltreppenhaus

New York

Die Stadt hat Bluthochdruck
Alle sind in Eile –
die U-Bahn-Passagiere
die Jogger
die hupenden Taxis
die jungen Mexikanerinnen
mit ihren Handys am Ohr

Nur du hast Ferien
sitzt am Fenster eines Diners
an der Lexington Avenue
mit den überteuerten Fritten
und einer Dose Bier

Stolz, dass du es
so weit geschafft hast
In New York
einfach Ferien machst
und spürst
wie die Energie der Straßen
deine Müdigkeit heilt

John

Im Park, wo der heiße grüne Atem
Feuchtigkeit hütet und kaum Schatten spendet
wo der Schweiß der Jogger
mit den Kondenstropfen konkurriert
wo Hunde aus öffentlichen Brunnen trinken
suche ich dich

Keine Spur Blut und keine
Gedenktafel am Dakota Building
Der Portier bestätigt wortkarg: Es war hier
Ich kann es kaum glauben
Diese Stadt, die sich im Stadtplan
so leicht entschlüsseln lässt
hat blutige Geheimnisse

Du, so wenig präsent
auf den Strawberry Fields
Und doch ist es plötzlich leicht
meine Vergangenheit zu hören

So schicke ich eine SMS
an meine Schwester in Prag

Und bin wieder bei dir
und bei ihr
die immer noch im Dakota Building
im Körper einer alten Frau lebt
und die Geheimnisse hütet
in ihrem weißen Hut

Guggenheim

Komm in mein Inneres
Entdecke das
Schneckenhaus
ohne Ende

Wenn ich nachts nicht schlafen kann
phosphoreszieren die Bilder
und die Skulpturen tanzen
Ich will sie vergessen
habe keine Chance –
Meine Eingeweide leben

Woher kommt
diese Unruhe?

Vielleicht weil tagsüber
hier einer auf der weißen Bank
sitzt und Gedichte schreibt
ohne Ende

Das letzte Abendmahl von Cusco

Düster blickt er aus dem Bild
Judas, der Mann mit dunklem Teint
mit Indianerblut
Vielleicht, so heißt es
ein Selbstporträt des Künstlers
Sein Gesichtsausdruck sagt
die Bedeutung seiner Tat
ist ihm voll bewusst

Ihm gegenüber hockt
der blasse Jesus
mit seinen rosa Jüngern
Vor ihnen auf dem Tisch
ein Meerschweinchen
garniert mit Mais und Früchten
aus der Gegend von Urubamba

Kurz vor seinem Tod
wird Jesus diese Opfergaben
verspeisen
Die große Pachamama
– Mutter Erde –
lacht vergnügt
hinter seinem Rücken

Zu einem Gemälde in der Kathedrale von Cusco, Peru

Norrköping, Schweden

Backsteinfassaden alter Tuchfabriken
bestaunen ihr Abbild
Über dem Wehr neigen sich
Kastanienblüten zum Fluss

Die Nacht ist hell und ein Lachen
fliegt von der Barterrasse
zu den mondbestrahlten Wolken

Mädchen und Jungen am Kai
vertieft in Sprachen
die nur sie verstehen
bis spät nach Mitternacht
Eine Hand voll Chips
und eine andere, die streichelt

Jemand raucht Zigaretten
Die Rothaarige
umarmt gerade den Mond
und flüstert Lichtworte
in seine Ohren

Weiße Nächte

Die Sonne
sitzt mir in den Knochen
Wir spielen
untot
Tischtennis im Park
blenden zwei Stunden später
den nördlichen Himmel
mit Jalousien aus

Draußen rollen die Vögel
die nächtliche Helle in ihren Kehlen
verbannen unseren Schlaf
an den Südpol

Oktober in München

Kehren die Kraniche wieder zu
dir? Und suchen zu deinen Ufern
wieder die Schiffe den Lauf?
Friedrich Hölderlin, Akrokorinth
(Gedichttafel im Englischen Garten, München)

Es riecht nach Herbstlaub und nach Hanf
Die Düfte ziehen an den Gedichttafeln vorbei
Der Park zelebriert die Wiederkehr des Verfalls
Alles ist verlangsamt, eine Rabenkrähe
lässt sich aus nächster Nähe fotografieren

Obwohl die Autos am Isartor rasen
als wollten sie der Schläfrigkeit entkommen
achtet der Fluss nicht darauf
Flach fließt er an Sandinseln
und Weidenbäumen vorbei
zwanglos, als gäbe es
keine Stadt an seinen Ufern

Im Deutschen Museum bei den Gruben
kurz dem Gott begegnet, der Eisen wachsen ließ
und zurück an der Oberfläche
schaue ich den Vogelscharen hinterher
Kehren sie wieder zu dir?

Frankfurt am Main, Daydream

Im *Toyoko Hotel*
chillt das Neue Testament
neben den Lehren Buddhas und
den *Self-Reflections for Happiness and Success*

Der Saal auf dem ehemaligen Fabrikgelände
gähnt vor Leere, wenn ich darin
tschechische Lyrik lese

Auf der Straße
grinst mich ein Graffiti-Mann an
und gießt aus einer blauen Kanne
die Stadt in ein gelbes Meer

II. ZWISCHEN DEN HÄUSERZEILEN

Cinderella

Manchmal sahst du in der Stadt
sterbende Tauben
Sie schauten müde und verwundert
über das, was sie erwartet
Vielleicht hätte Aschenputtel
eine Antwort auf ihren Blick gewusst

Cinderella dagegen
in einem Prager Non-Stop-Kino
der Siebziger
interessierte sich nicht für Tauben
und auch nicht für Haselnüsse

Für sie verwandelte sich ein Kürbis
in eine prachtvolle Kutsche
Als sie den Prinzen traf
hob sie aus dem Brunnen
Sternenglanz wie Diamanten auf
schwebte in gläsernen Schuhen
durch den Ballsaal
bevor sie sich in Luft auflöste

So wolltest du auch sein
als du damals aus dem Kino kamst
Nicht in den grauen Straßen deiner Stadt
den sterbenden Tauben in die Augen sehen

Morgen in der Stadt

Hinter den halbkahlen Lindenkronen
deckt das Licht den Frühstückshimmel
Hungrige Tauben kreisen
über den Marktständen:
Gemüse, Fisch, Fleisch und Käse
Schwere Schulranzen wippen
auf Kinderschultern
Über dem Musikladen wischen sich
Neonlichter die Nacht aus den Augen
An der roten Ampel warten im Bus
die Leibeigenen der Morgenstunde

Sophia und Gina

Wir verbringen die frühen Abende beim Perser
in einem kleinen Bistro am Busbahnhof
Er hat das beste Bier in der Stadt
Und von den Wänden lächeln schwarz und weiß
Sophia, Gina, Grace, Frank und Clark
aus einer Urzeit, kaum vorstellbar
Eine altmodische Glamour-Oase
mitten im Wahnsinn
des einundzwanzigsten Jahrhunderts

Heute habe ich realisiert
dass Sophia Loren noch lebt
So alt wie meine Mutter
und mit weniger Falten
Ich staune, dass so völlig
unterschiedliche Zeiten
nebeneinander existieren
Und mit Freude stellte ich fest
dass auch Gina noch am Leben ist
einundneunzigjährig
und immer noch
kosmisch glamourös ...

Erinnerung an das Café Couleur

für Heinrich S.

Entlang der Mauer, katzengleich
nachts am Straßenrand
Gedichte sammeln

Dieses Stadtleben
im Jahr des Hundes
wenn ein befreundeter Kneipenwirt
dir ein Pflaster auf die Wunde legt
auf den Finger, wo du dich
vor dem Schreiben am Papier
geschnitten hast

Wie du und ich

für Klaus

Das Haus hat viel zu dünne Haut
wie du, wie ich nach all den Jahren
In unserer Wohnung hüten wir die Ruhe
vertreiben sogar die Pflanze
wenn sie laut zu werden droht

Doch von außen drängt Musik herein
Stimmen grölen und das Trommeln tut weh
Wir können uns nirgendwo verstecken

außer in Taubheit
außer in Blindheit
hinter die neblige Wand

wo wir uns finden im Alter und
gemeinsam fliehen
in die Stille
um wiedergeboren zu werden

Fenster

Ob du mich siehst, wenn ich meine Hände
in den Nacken lege?
Bevor ein Nachtvogel
am Fenster vorbeifliegt
solltest du aufwachen und deine Füße
wieder den kalten Boden spüren lassen

Solltest näher kommen
die Feder des Paradiesvogels
unter dem Kissen suchen
den Duft reifer Aprikosen riechen

Nicht mehr lange
werden wir mit geschlossenen Augen
unter einer Laube
in der Nähe des Meeres sitzen

ich meine Hand
auf deinen Nacken legen

An die Maus in meinem Zimmer

Du bist so klein
und doch zwingst du mich
dich als eine große Sache zu sehen
denn meine Abneigung
gegen dich in meinem Zimmer
ist groß

Ich stelle Fallen auf
du gehst hinein
frisst ein Stück Käse
und verschwindest

Ist die Lebendfalle
eine Fehlkonstruktion?
Oder willst du mich dazu bringen
deine Klugheit zu bewundern?

Du bist mucksmäuschenstill
und doch schlägt dein Herz
ganz in meiner Nähe
kleine Schwester

Die Prostituierten

Die Prostituierten
schweigen
Sie schreiben keine Blogs
von Urlaubsreisen
und über ihren Alltag
Die Vereinbarung von Familie und Beruf
ist für sie schwierig
Sie laden ihren Vater nicht
zum festlichen Mahl am Sonntag ein
Er ist nicht stolz auf sie
Die Prostituierten
verbringen ihre Abende nicht
beim Fernsehen mit Mann und Kind
Sie suchen sich kein Haus
am Stadtrand aus
wo sie einen Gemüsegarten
anlegen könnten
Sie gehen nicht
zu Sprachkursen der Volkshochschule
stellen sich nicht der Gruppe vor
„Hi, my name is Anna. I work as a prostitute."

Sie wissen nicht
wo sie ihre wohlverdiente Rente verbringen
falls sie sie erleben
Die Prostituierten leben
hier
in einem Land
wo jeder leben will

Melancholie, nach Dürer

Gebeugt über das Bild
eines schwermütigen Engels
mit Zirkel in der Hand und
einem mageren Hund zu Füßen
schicken sie ihren Geist
durch ihre Hand mit dem Stift
aufs Papier

Die Gesichter traurig und verschlafen
die Haare ölig, hochgesteckt oder frei
in Strähnen auf die MELENCOLIA fallend
beiläufig den kleinen und den großen Engel streifend
beschreiben sie das schwer Begreifliche

Irgendwann
beginnen die Dinge zu leben
– die Leiter, der Regenbogen
die Uhren, die Glocke, die Schlüssel –
Auf der seltsamen Baustelle
wird es spannender
als auf dem Pausenhof

wo man Zigaretten und Gras raucht
Plötzlich erstrahlen die Gesichter
vor Lust
nach Bedeutungen zu suchen
in der neu entdeckten Freiheit

Entstanden während einer Klassenarbeit im Fach Kunst zu dem Bild „Melencolia" von Albrecht Dürer.

Ein misslungenes Gespräch

Heute Nacht regnete es
im geschockten Land

Ich versuchte
es einem Gedicht zu erzählen
aber es hörte mir nicht zu

Es wollte nichts wissen
von dem Lastwagen
mit Blut und Glühwein bespritzt
auch nichts von den Krankenwagen
anstelle der Weihnachtsstände
und nichts von Leichenplanen
anstelle von Lichterketten

auch nichts von dem letzten Gespräch
des Mörders
mit seinem Gott

Es rollte sich zusammen
einem Igel gleich
und schloss die Augen

In meinem Zimmer

Bilder wieder, und Worte
Dein Nacken im Dämmerlicht
schon oft gesehen, doch plötzlich neu
vor dieser Wand aus weißen Brettern
Leere Flaschen stehen auf dem Schrank
und eine Kirche, zum Leuchtturm umgebaut
ragt aus dem Bild

Deine Falten etwas deutlicher geworden
nach dem letzten Sommer
Doch immer noch
beugst du dich über den Tisch
als ob er ein Seerosenteich wäre
und suchst in den Texten, wonach auch immer

Dein Blick ist sanfter geworden
und deine Suche spielerischer

III. LAUNEN DER INSELN

Jahresanfang

Lichtflügel des Leuchtturms
streifen den Nachthimmel

Alle dreihundertfünfundsechzig Tage
diese Hoffnung auf Neubeginn

Jetzt rollt das Meer zurück
flüstert Einschlafmärchen
Seehunden und Walen ins Ohr

Und wir
vor vielen Jahren ans Land gespült
warten auf den Morgen
mit weißen Reihern
und schwarzen Schafen

Der Mond nahm zu, wurde fast voll

Wir lagen in einem Haus hinterm Damm
über uns der unruhige Schein
des Leuchtturms
der mir den Schlaf nahm

Alle Heiligen übergaben die Nacht
an alle Seelen, die uns umkreisten
als Erinnerung, als Licht

Gänsescharen über dem Moor
fallendes Laub
Sterne

Das tote Tier am Strand

so formvollendet
wie von Menschenhand
Hellgraue Haut – fest und glatt
über dem stumpfen Kopf ein Loch
und in dem schmalen Mund mit kleinen Zähnen
ein paar Tropfen Blut

Die Augen mit Sand verklebt

liegt der verirrte
Mini-Leviathan
in der Mulde am Strand
einem selbstgemachten Grab
jetzt nicht mehr
außerirdisch

Meereskreisen

Nachts
höre ich das Meer
rauschen und rollen

Der Sturm rüttelt
an meiner Hütte
unter dem Leuchtturm

Das weiße Licht
wandert in Kreisen
durch den Garten

Morgens in Wellen
gefaltet liegt
meine Seele

Launen der Insel

Der Regen hat die Straße
zu einem Nachmittagssee geglättet
Wie gut, der Meeresgeruch, sagst du
Ich rieche Windstille und eine
nebelige Schwere

Gestern die Schritte
einem Windzug gleich –
Heute sehen die Spuren anders aus
Zwei gelbe Regenjacken
in der Algenzeit

Die Lotsenboote liegen
verloren im milchigen Hafen

Bewegungen

*

Welle um Welle –
bewegte Wasserfläche
Sanddünen im Wind

*

Gedankenblitze
wechseln in Windeseile
keine Zeit zum Schlaf

Exzentrizität der Nacht

Aus dem Schlaf weckt mich
ein bellender Fuchs
Nachts nach Blut gieren
sollte man mit mehr Diskretion
denke ich, als ich mich
aus dem Fenster lehne

Aber im gleichen Augenblick
weiß ich, dass die Nacht
sich keine Mühe mit Vertuschen
von Grausamkeiten macht
Deshalb sind Träume
unsere wahrhaftige Kunst

Über dem verschneiten Boden
im Lampenschein
schwebt der rote Schweif
fegt die Wege, reißt die Brücken
mit der Anmut eines Raubtiers
am Tag unsichtbar

Traum I

Zähne der Nacht
schlagen sich in meine Glut
Zwischen den Hügeln
lassen Kraniche
sich zu Boden gleiten
Ihr Geschrei
hallt nach
zwischen den Mauern
eines Jesuitenklosters

Suche Schutz
vor der Kälte
in den marmorierten Tiefen

Im Herzen der Lüge

Im Wald ein totes Mädchen
in Schuluniform, mit roter Kappe
die Beine gespreizt
Wer war der böse Wolf?

Der Frühling zieht übers Land
Ein Maler malt das Meer
lehrt Schulmädchen das Zeichnen
liebt seine Frau

wie ein Mann sein Haus liebt
den festen Boden unter seinen Füßen

Sie trägt ein samtblaues Minikleid
die Frau des Malers, eine Ärztin
die sich an der einsamen Küste
ein wenig langweilt

Ein anderer Mann kommt ins Dorf
Kein Mörder, nur ein Kritiker
Er besitzt kein Talent, doch zeitweise
gehören ihm die Frauen der Künstler

Auch er wird tot gefunden
etwas später

Der Nebel zieht über die Bucht
das Boot bleibt leer
Der Mörder des Mädchens
wird gefasst

Der Maler und seine Frau
sitzen umschlungen am Ufer
Das Meer hat heute die Farbe
der Lüge

Au cœur du mensonge (deutscher Titel: *Die Farbe der Lüge*) – ein Film von Claude Chabrol, Frankreich 1999

Krähenfeder

Ich fand eine Krähenfeder auf der Wiese
Drei weiße Pferde weideten hinterm Zaun
Dein Rücken strahlte nackt in der Sonne
wir gingen am glühenden Weizenfeld entlang

Ich hob die Feder auf

Zu Hause wollte ich damit
ein Gedicht schreiben über die Sonne
die Pferde, deinen Rücken und das Gold im Feld

Aber die Feder wehrte sich
kein Bild entstand

nur farblose Zeichen

Kindheitshaiku

Mutter und Vater
beide Entomologen
lebten von Käfern

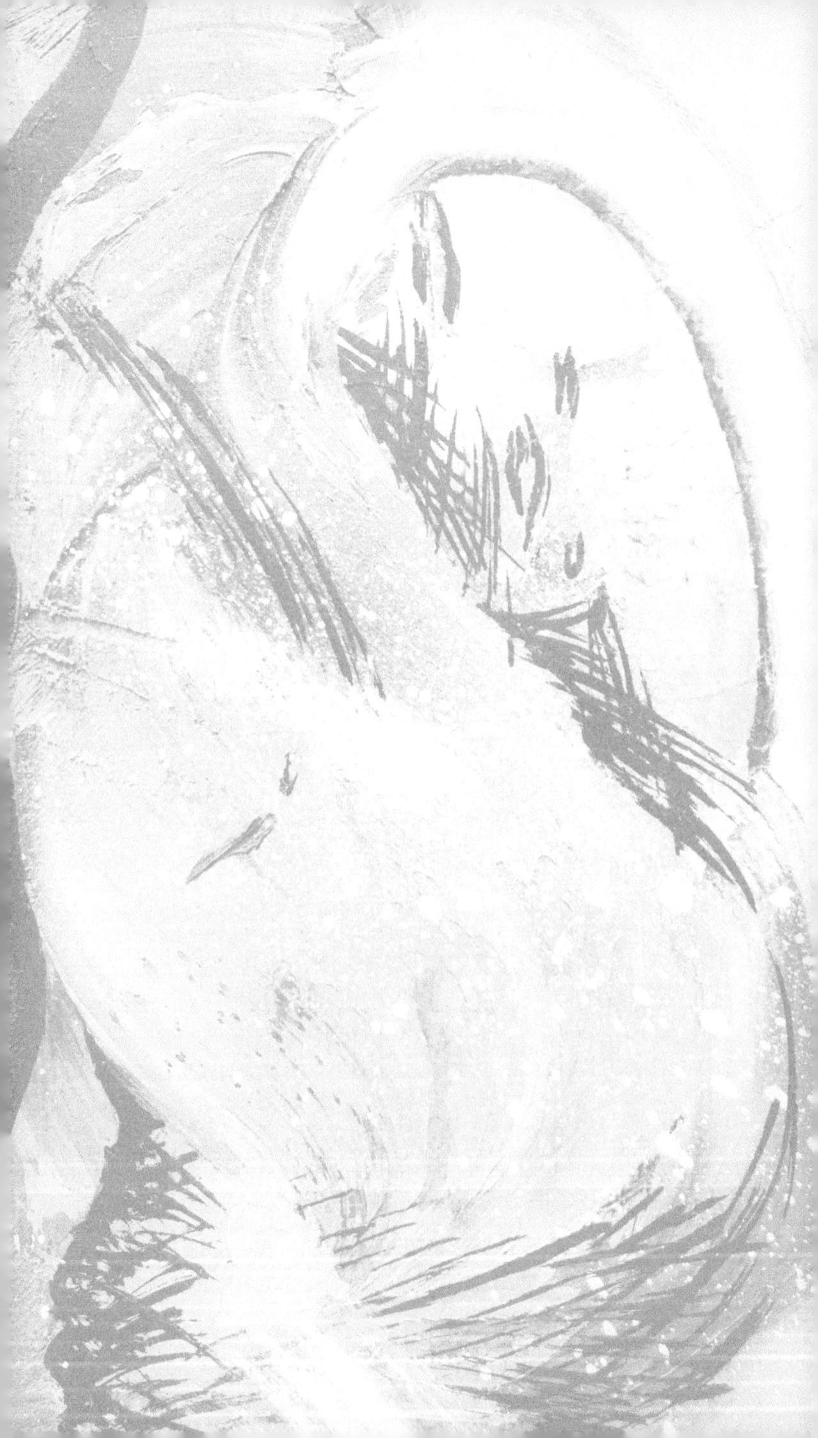

IV. JAHRESZEITEN MIT FRAGEZEICHEN

Tanz in den Mai

Es brennen die Fackeln
und die Musik ist laut
Die Hexen schrumpfen
der Winter wird verlacht
Die Nacht ist fruchtbar
die Körper verschlungen
Es lebe der Mai!

Und du warst jung
und wirst jetzt alt
Und alles scheint
nur eine Probe zu sein
wie vor dem Spiegel
in einem Ballsaal
wieder und wieder
im brennenden Kleid
Die Fackeln lachen
und kurz ist die Nacht

Herbst-Intermezzo

Ich möchte jetzt im Herbst verschwinden
mich verwehen lassen wie das Laub
Wenn ich könnte, wäre ich
nur dieses warme Licht in den Alleen
das ihr atmet
Meine Stimme wäre der Regen
meine Gedanken der Wind
Ich würde gehen
in Richtung Winter
und einen Augenblick
meinen Geist
im Schnee ausruhen lassen

Winterblau

Ich verliere Wörter wie Federn
Sie fallen in den Schnee, du fragst
wann ich endlich den Tee
vom Vorjahr aufbrauchen werde
die getrockneten Johanniskrautblüten
die mich über die Schneefelder
meiner Alpträume tragen
Und ich frage, wann wir endlich
nach Hause zurückkehren
aus dem blauen Winter
in dem ich nackt liege
schlaflos, federlos und wortlos

Schneeloser Dezember

mit seinen wortlosen Sätzen
Entlang des Flusses zwingt
das gelbe Gras
die Zeit zum Stehen

Augenblicke
als wir genau dort standen
wo das Ufer fest ist
ohne Fragen
nach Geborgenheit

Adventszeit

Wieder ein Jahr gealtert
und meine Nerven vernarbt
vom Frühaufstehen, Schülerstimmen
Elektrosmog und eigenem Ehrgeiz

Straßenlichter verwaschen vom Regen
in der Tüte dieselben Geschenke wie immer
Im Duft der Vanillekerzen
versuche ich sie zu verpacken
hilflos wie das Rentier
auf dem Weihnachtspapier

Unwucht

Galaxien fliegen auseinander
Immer noch vernehmen wir
das Echo des Urknalls
und kleben verängstigt an unserer Sonne
aus Kinderliebe, zusammengehalten
durch die Gravitation

Im Inneren der Sterne
explodieren Wasserstoffbomben

während ich hier sitze
mit verspanntem Rücken
darüber nachdenke, wie viele Gedichte
ich meinem Alltag entreißen kann
und immer noch
die Welt verstehen möchte

Hypatia

Irgendwo im Gedächtnis
blieb ihr Schatten
Den Namen, sagst du
hast du schon mal gehört

Planetenbahnen berechnet
Wege der Sterne erforscht
Nun liegt das Astrolabium
in einer Blutlache
Daneben gebrochene Münder
gestürzter Götter

Der Mond über Alexandria
schließt die Augen
wenn die Gotteskrieger
ihre Schwerter ziehen
der Patriarch Gesetze verkündet
das Feuer im Leuchtturm verlöscht
die Bibliothek brennt

Sie war eine Gelehrte
Philosophin, Mathematikerin
und Astronomin

Wie seltsam diese Berufsbezeichnungen
mit den weiblichen Endungen
heute immer noch klingen!

Wie ätzend
der Eifer ihrer Folterer
immer noch in der Kirche riecht

Wie peinlich
dieses Gerede
von Rationalität
und Emotionalität ...

Mondsuchung

Wenn alle schreiben, nur du nicht ...
Und der Teppich im Bad
schimmert grün vor Schimmel
und die Luft im Zimmer riecht
nach vergorenem Gemüse
und draußen
steht der große Mond
noch nicht ganz rund
aber gemein, denn er sagt:
So sollst du sein, rücksichtslos
in die Fenster scheinen
voll und prall, nur du, denn
du bist das Licht, glaube daran
und diene nicht, steig hoch!

Jakobs Kampf mit dem Engel

Wir liegen unter einem Bild
Jakob, nach Rembrandt, in rostroter Robe
auf ihm der Engel
der ihm die Hüfte bricht
Riesige Steine aus dem Fluss Jabbok
rollen fast aus dem Bilderrahmen

Ich spüre deine Schulter
unter meinem Kopf
Die grünen Hügel fliegen in die Nacht
Die Engelsfinger berühren meinen Nacken
Die Hüfte biegt sich
ohne zu brechen

Zwischen Herz und Hirn

Zwischen Herz und Hirn
müssen die Arterien durchlässig sein
da muss das Blut pulsieren
pünktlich wie eine U-Bahn

Zwischen Herz und Hirn
da muss Sinn entstehen
der die Frage- und Ausrufezeichen
in ihre Bahnen bannt

Zwischen Herz und Hirn
treffen sich manchmal Bettler mit Oligarchen
an einer wackeligen Brücke
und streiten um den schmalen Pfad

Was bleibt

Wie willst du überleben
wenn du Stück für Stück
deine Seele in den virtuellen
Weltraum schickst
Faden für Faden
einer tibetischen Gebetsfahne
aus echtem Menschenstoff?

Aber vielleicht soll es so sein
Am Ende bleibt doch ohnehin
nichts übrig
bis auf die schwache Spur
deiner Worte
in anderen Gedächtnissen

Klára Hůrková wurde 1962 in Prag geboren und lebt in Aachen. Sie studierte Philosophie in Prag, später Anglistik und Kunstgeschichte in Aachen und Norwich und promovierte an der RWTH Aachen. Sie schreibt Lyrik und Prosa und übersetzt tschechische und deutsche Gegenwartslyrik. In deutscher Sprache veröffentlichte sie acht Gedichtsammlungen, zuletzt Der offene Raum – Otevřený prostor, Edition Thaleia, St. Ingbert 2017, und eine Sammlung mit Kurzprosa, Inseln und andere Skizzen, Edition Thaleia, St. Ingbert 2019. Außerdem gab sie drei deutsch-tschechische Lyrik-Anthologien heraus. Ihre Gedichte wurden in mehrere Sprachen übersetzt und erhielten Auszeichnungen, u.a. den Publikumspreis beim Wiener Werkstattpreis 2013, den Preis für politische Lyrik 2017 (2. Sieger, mit M. Littau und M. Topali) und den Postpoetry Preis NRW 2018. Klára Hůrková arbeitet als Lehrerin für Englisch und Kunst und malt.

Traum II

Ich bin in einem Zirkus aufgetreten
mit drei jungen Löwinnen
Sie schlichen frei
an mir vorbei

Etwas war entfesselt
Mein eigener Mut
Kaum auszuhalten

INHALT

Alex Dreppec, **Tanze mit Raketenschuhen – Dance with Rocket Shoes: Wissenschaftsgedichte – Science Slam Poetry**

chiliverlag 2016, ISBN 978-3-943292-50-3

180 Seiten, Euro 12,00

Die vorliegende Zusammenstellung von Gedichten, die sich mit wesentlichen Gebieten wissenschaftlicher Disziplinen beschäftigen, um diese durchaus humorvoll zu durchleuchten und zu hinterfragen, ist absolut einzigartig. / The present compilation of poetry, which is about essential fields of academic and scientific disciplines in order to examine and question them in a humorous way, is absolutely unique.

Fritz Deppert, **Rückrufe**, Gedichte

chiliverlag 2019, ISBN 978-3-943292-73-2

100 Seiten, Euro 10,90

Fritz Depperts vorliegender Gedichtband ist eine persönliche Dokumentation einer intensiven Trauer, die mit den Jahren nicht nachlässt. Der Dichter nimmt den Leser mit auf eine Reise durch die Zeit der Liebe bis zu den verschiedenen Phasen des jähen Abschiednehmens, mit denen der Tod diese Liebe konfrontiert.